REGLAMENTO I
SECRETARÍA DE MARINA
(MÉXICO)
EXPEDIDA EL 7 DE JUNIO DE 2021

SECRETARÍA DE MARINA

PARACELSO

Secretaría de Marina

Reglamento Interior de la Secretaría de Marina (México). México: Paracelso, 2021.

15.24 × 22.86 cm – (Acervos Jurídicos)

Contacto editorial.paracelso@gmail.com

EDICIÓN GLOBAL

Tabla de contenido

REGLAMENTO INTERIOR DE LA SECRETARÍA DE MARINA

TEXTO VIGENTE

Nueva Ley publicada en el *Diario Oficial de la Federación* el 7 de junio de 2021

Al margen un sello con el Escudo Nacional, que dice: Estados Unidos Mexicanos. Presidencia de la República.

ANDRÉS MANUEL LÓPEZ OBRADOR, Presidente de los Estados Unidos Mexicanos, en ejercicio de la facultad que me confiere el artículo 89, fracción I de la Constitución Política de los Estados Unidos Mexicanos, y con fundamento en los artículos 14, 18, 20 y 30 de la Ley Orgánica de la Administración Pública Federal, he tenido a bien expedir el siguiente

REGLAMENTO INTERIOR DE LA SECRETARÍA DE MARINA

Capítulo I. De la Competencia y Organización

Artículo 1. La Secretaría de Marina, como dependencia de la Administración Pública Federal Centralizada, tiene a su cargo las atribuciones conferidas por la Ley Orgánica de la Administración Pública Federal, la Ley Orgánica de la Armada de México, la Ley de Vertimientos en las Zonas Marinas Mexicanas, la Ley de Navegación y Comercio Marítimos, la Ley de Puertos, los tratados internacionales en materia de protección y seguridad marítima de los que el Estado mexicano sea parte, así como por los reglamentos, decretos y acuerdos que expida el Presidente de los Estados Unidos Mexicanos, y demás disposiciones jurídicas aplicables.

Artículo 2. Para los efectos de este Reglamento, se entenderá por:

I. Armada: La Armada de México;

II. Autoridad Marítima Nacional: La prevista en el artículo 7, párrafo primero de la Ley de Navegación y Comercio Marítimos;

III. Autoridad Portuaria: La que ejerce el Ejecutivo Federal, a través de la Secretaría, para el control de los puertos, terminales, marinas e instalaciones portuarias, su construcción, uso, aprovechamiento, explotación, operación y formas de administración, así como para la prestación de los servicios portuarios, sin perjuicio de las atribuciones de otras dependencias de la Administración Pública Federal;

IV. Direcciones Generales: Las comprendidas en el artículo 3, fracción II, inciso g) del presente Reglamento;

V. Estado Mayor: El Estado Mayor General de la Armada;

VI. Oficialía Mayor: La Oficialía Mayor de la Secretaría;

VII. Secretaría: La Secretaría de Marina;

VIII. Unidades Administrativas: Las referidas en el artículo 3, fracción II del presente Reglamento, y

IX. Unidades Operativas: Las referidas en el artículo 3, fracción IV del presente Reglamento.

Artículo 3. Al frente de la Secretaría estará una persona titular quien, para el despacho de los asuntos de su competencia, se auxiliará de:

I. Las personas titulares de la:

a) Subsecretaría de Marina;

b) Coordinación General de Puertos y Marina Mercante;

c) Oficialía Mayor;

d) Inspección y Contraloría General de Marina, y

e) Jefatura del Estado Mayor General de la Armada;

II. Unidades Administrativas:

a) Unidad de Promoción y Protección de los Derechos Humanos;

b) Unidad Jurídica;

c) Universidad Naval;

d) Unidad de Capitanías de Puerto y Asuntos Marítimos;

e) Unidad de Policía Naval;

f) Unidad de Investigación y Desarrollo Tecnológico, y

g) Direcciones Generales:

    1. De Construcciones Navales;

    2. De Servicios Generales e Hidrográficos;

    3. De Recursos Humanos;

    4. De Administración y Finanzas;

    5. De Puertos;

    6. De Marina Mercante, y

    7. De Fomento y Administración Portuaria;

III. Órganos Colegiados:

a) Junta de Almirantes, y

b) Junta Naval;

IV. Unidades Operativas:

a) Fuerzas, Regiones, Zonas y Sectores Navales, así como otras que se establezcan;

b) Cuartel General del Alto Mando;

c) Unidad de Inteligencia Naval, y

d) Unidad de Operaciones Especiales de la Armada de México;

V. Capitanías de Puerto, y

VI. Las demás que se establezcan conforme a las disposiciones jurídicas aplicables.

Artículo 4. La Secretaría realizará sus actividades de manera programada, conforme a los objetivos, estrategias y líneas de acción establecidas en el Plan Nacional de

Desarrollo, de acuerdo con lo señalado en el presente Reglamento y demás disposiciones jurídicas aplicables.

Capítulo II. De las Facultades de la Persona Titular de la Secretaría

Artículo 5. Corresponde originalmente a la persona titular de la Secretaría, la representación, trámite y resolución de los asuntos de su competencia, así como ejercer las atribuciones que las disposiciones jurídicas le otorgan a dicha dependencia, sin perjuicio de que para la mejor organización del trabajo pueda delegar cualquiera de sus facultades en los servidores públicos subalternos, mediante acuerdo que deberá publicarse en el Diario Oficial de la Federación, excepto aquellas que por disposición de ley o del presente Reglamento sean indelegables.

Artículo 6. La persona titular de la Secretaría tiene las facultades siguientes:

A. Indelegables:

I. Ejercer el Alto Mando de la Armada y administrar el poder naval de la Federación, determinando y dirigiendo la doctrina, política y estrategia naval militar, para la defensa exterior del país, así como coadyuvar en la seguridad interior y el desarrollo marítimo nacional;

II. Acordar con el Presidente de los Estados Unidos Mexicanos, los asuntos encomendados a la Secretaría, así como desempeñar las comisiones y funciones específicas que este le confiera, manteniéndolo informado sobre el desarrollo de las mismas;

III. Representar al Presidente de los Estados Unidos Mexicanos en las controversias constitucionales y acciones de inconstitucionalidad a que se refiere la Ley Reglamentaria de las Fracciones I y II del Artículo 105 de la Constitución Política de los Estados Unidos Mexicanos, en los casos en que lo determine este, pudiendo ser suplido de conformidad con lo dispuesto en el artículo 46 del presente Reglamento;

IV. Someter para autorización del Presidente de los Estados Unidos Mexicanos la organización jurisdiccional de las regiones y zonas navales, en términos de la Ley Orgánica de la Armada de México;

V. Someter a consideración del Presidente de los Estados Unidos Mexicanos la designación y remoción de los Mandos Superiores en Jefe, así como designar y remover a las personas titulares de la Subsecretaría de Marina, de la Coordinación General de Puertos y Marina Mercante, de la Oficialía Mayor, de la Inspección y Contraloría General de Marina, de la Jefatura del Estado Mayor General de la Armada, de las Jefaturas de Unidad, de los Órganos Colegiados, de las Direcciones Generales y demás mandos superiores y mandos subordinados, en términos de la Ley Orgánica de la Armada de México;

VI. Someter a la consideración de la persona titular del Mando Supremo, las propuestas de ascenso del personal de la Armada, cuyo nombramiento corresponda a este conforme a las disposiciones jurídicas aplicables;

VII. Refrendar, para su validez y observancia constitucional, los reglamentos, decretos y acuerdos que expida el Presidente de los Estados Unidos Mexicanos, relativos a los asuntos competencia de la Secretaría;

VIII. Proponer al Presidente de los Estados Unidos Mexicanos, a través de la Consejería Jurídica del Ejecutivo Federal, los proyectos de iniciativas de leyes o decretos legislativos, así como los proyectos de reglamentos, decretos y acuerdos sobre los asuntos competencia de la Secretaría;

IX. Presidir y convocar al Consejo del Almirantazgo;

X. Dar cuenta al Congreso de la Unión, del estado que guardan los asuntos de la Secretaría e informar del mismo, siempre que se le requiera para ello por cualquiera de las Cámaras que lo integran, cuando se discuta un proyecto de ley o se estudie un asunto del ámbito de competencia de la Secretaría;

XI. Aprobar para cada ejercicio fiscal el anteproyecto de presupuesto anual de egresos de la Secretaría;

XII. Aprobar los programas de desarrollo de la Secretaría y los que coadyuven en el ámbito marítimo nacional;

XIII. Autorizar la organización y funcionamiento de la Secretaría, en los términos de las disposiciones jurídicas aplicables;

XIV. Expedir el manual de organización general y el manual de servicios al público de la Secretaría, así como los manuales de organización y de procedimientos de las Unidades Administrativas y Operativas de la dependencia, disponiendo su permanente actualización;

XV. Establecer la jurisdicción territorial y marítima de las Capitanías de Puerto;

XVI. Conducir las políticas y programas para desarrollar y regular las comunicaciones y transportes por agua, de acuerdo con las necesidades del país;

XVII. Designar a los servidores públicos que deban ejercer las facultades que impliquen la titularidad de las acciones o partes sociales que integran el capital social de las empresas de participación estatal mayoritaria, agrupadas en el sector coordinado por la Secretaría, e instruirlos sobre la forma en que deberán ejercerlas;

XVIII. Proponer al Presidente de los Estados Unidos Mexicanos la requisa de las vías generales de comunicación por agua, de los modos de transporte que ellas operan, así como el rescate de las concesiones, en los casos en que la ley lo autorice, y

XIX. Las demás que con carácter de indelegables le otorguen otras disposiciones jurídicas y las funciones que le encomiende el Presidente de los Estados Unidos Mexicanos.

B. Delegables:

I. Establecer la coordinación con las dependencias y entidades de la Administración Pública Federal, los gobiernos de las entidades federativas y municipales; con los sectores privado y social, para la investigación y desarrollo marítimo, así como para la prevención, control, vigilancia y protección del medio marino, de conformidad con las disposiciones jurídicas aplicables;

II. Coordinar con las dependencias y entidades de la Administración Pública Federal los planes y programas de interés marítimo nacional;

III. Autorizar que se preste asesoría naval militar en los proyectos de construcción de cualquier vía de comunicación marítima, fluvial y lacustre, así como los espacios integrantes de estas;

IV. Autorizar la celebración de contratos, convenios y bases de colaboración, conforme a las disposiciones jurídicas aplicables;

V. Otorgar las concesiones que por ley le correspondan a la Secretaría y resolver, en su caso, sobre una prórroga y modificaciones, así como declarar administrativamente su caducidad, nulidad, rescisión o revocación;

VI. Ejercer la Autoridad Marítima Nacional en las materias siguientes:

a) Administración y control de la marina mercante mexicana;

b) Administración y control de los puertos mexicanos, que incluye:

  1. Pilotaje;

  2. Remolcadores;

  3. Dragado, y

  4. Permisos, autorizaciones y sanciones;

c) Protección marítima y portuaria, en los términos que establezcan los tratados internacionales y las leyes en la materia;

d) Administración y fomento de la educación náutica nacional, a través de los mecanismos y planteles de la Secretaría;

e) Cumplimiento del orden jurídico nacional en las materias de su competencia;

f) Búsqueda y rescate para salvaguardar la vida humana en la mar;

g) Seguridad marítima;

h) Salvamento en caso de accidentes o incidentes de embarcaciones;

i) Control de tráfico marítimo;

j) Vertimientos de desechos y otras materias al mar distintas al de aguas residuales;

k) Operación del señalamiento marítimo, y

l) Regulación y vigilancia de la seguridad en la navegación;

VII. Definir la investigación científica y el desarrollo tecnológico e innovación que requiera la Secretaría;

VIII. Aprobar la designación de inspectores y verificadores en materia de protección marítima y portuaria, propuestos por la Unidad Administrativa correspondiente, y

IX. Coordinar la implementación de las acciones necesarias con las demás dependencias de la Administración Pública Federal, para el cumplimiento de las disposiciones nacionales e internacionales en materia marítima, en el ámbito de su competencia.

Capítulo III. De las Facultades de la Persona Titular de la Subsecretaría de Marina

Artículo 7. La persona titular de la Subsecretaría de Marina será de la categoría de Almirante y tiene las facultades siguientes:

I. Acordar con la persona titular de la Secretaría, el despacho de los asuntos de las Unidades Administrativas que tenga adscritas;

II. Establecer los programas de construcción, reparación, renovación y actualización de la infraestructura, equipos y obras portuarias de las Unidades Administrativas y Operativas de la Armada;

III. Autorizar los programas de obras de dragado e ingeniería e intervenir en los de desarrollo portuario;

IV. Establecer los programas de investigación oceanográfica, hidrográfica y meteorológica, así como los relativos a la protección y preservación del medio ambiente marino, en el ámbito de la competencia de la Secretaría, sin perjuicio de las atribuciones que correspondan a otras dependencias de la Administración Pública Federal;

V. Intervenir en el otorgamiento de permisos para expediciones y exploraciones de carácter científico en las zonas marinas mexicanas solicitados por instituciones u organismos extranjeros o internacionales;

VI. Impulsar la investigación científica y desarrollo de nuevas tecnologías que requiera la Armada y coadyuvar con el sector marítimo nacional, sometiendo a consideración de la persona titular de la Secretaría los programas correspondientes;

VII. Someter a consideración de la persona titular de la Secretaría los programas de investigación y desarrollo tecnológico propios de la Secretaría;

VIII. Establecer las normas, sistemas, procesos y procedimientos para la ejecución de las atribuciones conferidas a las Unidades Administrativas que tenga adscritas, en términos de las disposiciones jurídicas aplicables;

IX. Supervisar la formulación del anteproyecto de presupuesto anual de egresos de las Unidades Administrativas que tenga adscritas;

X. Intervenir, en su caso, en los procedimientos constitucionales, en coordinación con la Unidad Jurídica, en suplencia de la persona titular de la Secretaría;

XI. Suscribir los documentos relativos al ejercicio de sus facultades y aquellos que le sean señalados por delegación o le correspondan por suplencia;

XII. Presidir y coordinar, de conformidad con las disposiciones jurídicas aplicables, los comités que estas establezcan, de acuerdo con sus facultades;

XIII. Representar a la Secretaría, por acuerdo de la persona titular de esta, en las comisiones, consejos y órganos de gobierno de instituciones y entidades en las que participe esta Dependencia;

XIV. Establecer la coordinación operativa del Sistema Nacional de Alerta de Tsunamis;

XV. Aplicar la autoridad en materia de vertimientos de desechos y otras materias al mar distintas al de aguas residuales, así como otorgar y cancelar los permisos en las zonas marinas mexicanas, a través de las regiones, zonas y sectores navales, de conformidad con la Ley de Vertimientos en las Zonas Marinas Mexicanas y demás disposiciones jurídicas aplicables;

XVI. Presidir el Comité Consultivo Nacional de Normalización de la Secretaría, y

XVII. Las demás que le confieran otras disposiciones jurídicas, así como las funciones que le encomiende la persona titular de la Secretaría.

Capítulo IV. De las Facultades de la Persona Titular de la Coordinación General de Puertos y Marina Mercante

Artículo 8. La persona titular de la Coordinación General de Puertos y Marina Mercante será de la categoría de Almirante en activo de la Armada o marino mercante con grado de Capitán de Altura o Jefe de Máquinas de la marina mercante mexicana, mismo que será designado por la persona titular de la Secretaría.

Artículo 9. La persona titular de la Coordinación General de Puertos y Marina Mercante tiene las facultades siguientes:

I. Conducir la planeación de las Unidades Administrativas que tenga adscritas, de conformidad con las políticas y lineamientos que al efecto establezca la persona titular de la Secretaría, en términos de lo dispuesto en el Plan Nacional de Desarrollo y los programas correspondientes;

II. Someter a la aprobación de la persona titular de la Secretaría los estudios, proyectos y acuerdos internos respecto de los asuntos de su competencia;

III. Vigilar que las atribuciones de las Unidades Administrativas que tenga adscritas se realicen de conformidad con las disposiciones jurídicas aplicables;

IV. Programar, controlar y evaluar el funcionamiento de las Unidades Administrativas que tenga adscritas, así como dictar las medidas necesarias para su mejoramiento administrativo, la desconcentración administrativa y la delegación de facultades en servidores públicos subalternos;

V. Apoyar la capacitación técnica del personal de las Unidades Administrativas que tenga adscritas;

VI. Supervisar la formulación del anteproyecto de presupuesto anual de egresos de las Unidades Administrativas que tenga adscritas;

VII. Otorgar los permisos y autorizaciones correspondientes al ámbito de sus atribuciones, así como declarar administrativamente su nulidad o revocación, sin perjuicio de que dichas facultades puedan ser delegadas;

VIII. Suscribir los contratos, convenios, acuerdos y documentos relativos al ejercicio de sus facultades y aquellos que le sean señalados por delegación o le correspondan por suplencia;

IX. Emitir disposiciones y acuerdos administrativos relativos al ejercicio de sus facultades;

X. Emitir dictamen en relación con las licitaciones públicas, que se lleven a cabo a solicitud de las Unidades Administrativas que tenga adscritas, en los términos que establezcan las disposiciones jurídicas aplicables;

XI. Emitir opinión respecto de los contratos, convenios, concesiones, permisos y autorizaciones que celebre u otorgue la Secretaría cuando contengan aspectos de su competencia;

XII. Proponer la elaboración de normas oficiales mexicanas en el ámbito de su competencia;

XIII. Someter a la consideración de la persona titular de la Secretaría las propuestas de organización de las Unidades Administrativas que tenga adscritas;

XIV. Resolver los recursos administrativos que, conforme a las disposiciones jurídicas aplicables, le corresponda;

XV. Expedir copias certificadas de documentos o constancias que existan en los archivos a su cargo, cuando proceda en términos de las disposiciones jurídicas aplicables, y

XVI. Las demás que le confieran otras disposiciones jurídicas y aquellas que le correspondan a las Unidades Administrativas que tenga adscritas, así como las funciones que le encomiende la persona titular de la Secretaría.

Artículo 10. La Coordinación General de Puertos y Marina Mercante, para el ejercicio de sus atribuciones, se auxiliará por las Direcciones que orgánicamente dependan de esta.

Capítulo V. De las Facultades de la Persona Titular de la Oficialía Mayor

Artículo 11. La persona titular de la Oficialía Mayor será de la categoría de Almirante y tiene las facultades siguientes:

I. Acordar con la persona titular de la Secretaría el despacho de los asuntos de las Unidades Administrativas que tenga adscritas;

II. Planear, organizar, dirigir y evaluar el funcionamiento de las Unidades Administrativas que tenga adscritas;

III. Comunicar los nombramientos de las personas titulares de los mandos a los que se refiere la Ley Orgánica de la Armada de México, y autorizar los movimientos del personal operativo y de servicios de la Armada;

IV. Suscribir los títulos profesionales, despachos, patentes y nombramientos del personal naval;

V. Autorizar a la Universidad Naval los programas de educación que se impartan en los diferentes establecimientos educativos navales que conforman el Sistema Educativo Naval;

VI. Autorizar a la Dirección General de Recursos Humanos la ejecución de los programas de sanidad naval y los de seguridad y bienestar social para el personal naval;

VII. Intervenir en el otorgamiento de las prestaciones de seguridad social para el personal naval;

VIII. Determinar la procedencia de retiro y la retención en el activo, así como autorizar las bajas y licencias del personal naval que le corresponda, de acuerdo con la Ley Orgánica de la Armada de México y el Reglamento de Vacaciones y Licencias para el Personal de la Armada de México;

IX. Someter a la consideración de la persona titular de la Secretaría, el anteproyecto de presupuesto anual de egresos y el programa de actividades de la Secretaría;

X. Supervisar la realización del:

a) Análisis, diseño, registro y control de la estructura organizacional de la Secretaría;

b) Manual de organización general y del manual de servicios al público de la Secretaría, así como de la revisión de los manuales de organización y de procedimientos de las Unidades Administrativas y Operativas, y

c) Estudio de desarrollo organizacional de las Unidades Administrativas y Operativas;

XI. Dirigir el proceso presupuestario conforme a las disposiciones jurídicas aplicables;

XII. Suscribir los convenios y contratos de arrendamiento, adquisiciones, servicios y de obra pública, así como otros en los que la Secretaría sea parte, previa autorización de la persona titular de la Secretaría, conforme a las disposiciones jurídicas aplicables;

XIII. Autorizar la documentación necesaria para los pagos con cargo al presupuesto autorizado de la Secretaría;

XIV. Programar y ejercer los recursos presupuestarios que transfiere el Instituto de Seguridad Social para las Fuerzas Armadas Mexicanas, con el fin de efectuar las subrogaciones necesarias para la atención médica integral al personal retirado, así como para los derechohabientes de este y del personal naval en el activo de la Secretaría;

XV. Manejar los fondos que se autoricen a la Oficialía Mayor, conforme a los lineamientos que en cada caso se establezcan y demás disposiciones jurídicas aplicables;

XVI. Establecer la administración del personal civil de la Secretaría, conforme a las disposiciones jurídicas aplicables;

XVII. Conducir las relaciones laborales del personal civil de la Secretaría y vigilar el cumplimiento de las Condiciones Generales de Trabajo;

XVIII. Someter a la persona titular de la Secretaría, para su aprobación, los estudios y proyectos que se elaboren en las Unidades Administrativas que tenga adscritas;

XIX. Suscribir los documentos relativos al ejercicio de sus facultades y aquellos que le sean señalados por delegación o le correspondan por suplencia, así como expedir copias certificadas de documentos o constancias que existan en los archivos a su cargo, cuando proceda en términos de las disposiciones jurídicas aplicables;

XX. Intervenir en los juicios de amparo relativos a los asuntos de su competencia, en coordinación con la Unidad Jurídica;

XXI. Presidir y coordinar, de conformidad con las disposiciones jurídicas aplicables, los comités que estas establezcan, de acuerdo con sus facultades;

XXII. Formalizar las planillas orgánicas de las Unidades Administrativas y Operativas de la Secretaría, mediante su registro presupuestario, ante la Secretaría de Hacienda y Crédito Público;

XXIII. Coordinar y poner a consideración de la persona titular de la Secretaría, los diversos informes de evaluación y de rendición de cuentas, de conformidad con las disposiciones jurídicas aplicables;

XXIV. Someter a aprobación de la persona titular de la Secretaría los objetivos, estrategias y líneas de acción que regirán a la dependencia, dentro de su ámbito de competencia;

XXV. Promover, organizar y realizar eventos que coadyuven a la difusión de la historia y cultura naval, así como administrar los recursos asignados para tal fin, y

XXVI. Las demás que le confieran otras disposiciones jurídicas, así como las funciones que le encomiende la persona titular de la Secretaría.

Capítulo VI. De las Facultades de la Persona Titular de la Inspección y Contraloría General de Marina

Artículo 12. La persona titular de la Inspección y Contraloría General de Marina será de la categoría de Almirante y tiene las facultades siguientes:

I. Acordar con la persona titular de la Secretaría, el despacho de los asuntos de su competencia;

II. Supervisar que las normas, disposiciones, programas, procedimientos y los diversos instrumentos de control de la Secretaría, se apliquen o utilicen de manera eficiente;

III. Vigilar por sí misma o a través del personal de inspectores regionales y locales de la Secretaría, el cumplimiento de las normas y lineamientos internos que se dicten para regular el funcionamiento del sistema de control de la Secretaría, de conformidad con las disposiciones que expida la Secretaría de la Función Pública;

IV. Inspeccionar, supervisar, fiscalizar y auditar los recursos humanos, materiales y financieros de la Secretaría, estableciendo y ejecutando los programas respectivos e informando a la persona titular de la Secretaría sobre los resultados;

V. Verificar que todas la Unidades Administrativas y Operativas de la Secretaría desempeñen sus atribuciones de acuerdo con las disposiciones jurídicas aplicables, en el ámbito operativo, administrativo y disciplinario;

VI. Atender, investigar y resolver las quejas y denuncias presentadas en contra del personal de la Secretaría, con motivo del ejercicio de sus facultades;

VII. Implementar los procedimientos administrativos para investigar una posible comisión de faltas del personal de la Secretaría, así como los procedimientos de auditoría de recursos financieros, conforme a las disposiciones jurídicas aplicables;

VIII. Imponer, como resultado de las inspecciones, investigaciones y auditorías, las sanciones que procedan por responsabilidades del personal de la Secretaría y recomendar la comparecencia ante los órganos de disciplina o denunciar ante la autoridad ministerial o administrativa competente;

IX. Certificar la fecha de alta del personal naval que se contrata en la Armada;

X. Practicar revistas administrativas en la Secretaría, así como de la entrada del material naval, unidades de superficie, terrestres y aeronavales, que hayan causado alta o baja en el servicio activo de la Armada;

XI. Dirigir la revisión y actualización de los sistemas y modelos de funcionamiento de la unidad administrativa a su cargo;

XII. Participar en los comités internos de la Secretaría, que las disposiciones jurídicas establezcan;

XIII. Impulsar programas y acciones para difundir y promover, en el personal de la Secretaría, la ética, la honestidad, la cultura de la legalidad y la concientización de los valores institucionales, y

XIV. Las demás que le confieran otras disposiciones jurídicas, así como las funciones que le encomiende la persona titular de la Secretaría.

Capítulo VII. De las Facultades de la Persona Titular de la Jefatura del Estado Mayor General de la Armada

Artículo 13. La persona titular de la Jefatura del Estado Mayor General de la Armada será de la categoría de Almirante y tiene las facultades siguientes:

I. Asesorar y auxiliar a quien ejerza el Alto Mando en la planeación y coordinación de las acciones para cumplir con las atribuciones asignadas a la Armada, a través de la emisión de directivas, órdenes e instrucciones y supervisar el cumplimiento de estas;

II. Intervenir en la administración e impartición del Servicio Militar Nacional en la Armada;

III. Planear los requerimientos de las reservas de la Armada y emitir lineamientos para su movilización conforme a las disposiciones jurídicas aplicables;

IV. Participar en el análisis y propuesta de la estructura organizacional de la Secretaría;

V. Proponer al personal núcleo de los cuerpos y servicios para ocupar los distintos mandos y cargos de las Unidades Administrativas y Operativas, así como comisiones externas a la Secretaría dentro y fuera del país;

VI. Determinar las necesidades de profesionalización, actualización y especialización del personal naval, núcleo de los cuerpos y servicios, en coordinación con las Unidades Administrativas de la Secretaría;

VII. Emitir directivas y planes para la organización, desarrollo y control de personal naval;

VIII. Obtener, procesar y distribuir información de interés estratégico y operativo para el cumplimiento de la misión y atribuciones de la Armada;

IX. Fungir como enlace y realizar la coordinación de la Secretaría con las fuerzas armadas e instituciones nacionales y extranjeras;

X. Analizar y proponer la organización de las fuerzas, regiones, zonas, sectores navales y del Cuartel General del Alto Mando, así como para el despliegue de las Unidades Operativas, con base en la situación geoestratégica del país;

XI. Establecer las doctrinas operacional, de adiestramiento, planeamiento, de mando y control, así como supervisar su difusión y aplicación al personal naval;

XII. Determinar las directivas para la elaboración de los planes logísticos a fin de proporcionar a las fuerzas, regiones, zonas y sectores navales los recursos de personal, material y de servicios, para el cumplimiento de sus misiones y atribuciones;

XIII. Establecer la doctrina y planes que deberán aplicarse en las comunicaciones de la Armada;

XIV. Establecer y mantener actualizados los sistemas de información y comunicaciones que permiten generar elementos de juicio para la toma de decisiones de la persona titular de la Secretaría;

XV. Formular y mantener actualizados los planes, en coordinación con otras dependencias y entidades de la Administración Pública Federal, para garantizar la defensa exterior y seguridad interior del país en el ámbito de su competencia;

XVI. Determinar las necesidades técnicas que se requieren para el adecuado funcionamiento de los sistemas de información y comunicaciones de las Unidades Administrativas y Operativas de la Secretaría;

XVII. Evaluar los resultados de las acciones de la Armada, para optimizar el uso de recursos y retroalimentar el proceso de planeación;

XVIII. Realizar los estudios especiales y estratégicos para participar en el desarrollo marítimo nacional y el mantenimiento de la seguridad nacional;

XIX. Analizar y opinar respecto a la construcción de toda clase de instalaciones y vías de comunicación marítimas o de cualquier otra relacionada con la ingeniería portuaria y señalamiento marino;

XX. Proponer a la persona titular de la Secretaría los anteproyectos de iniciativas de leyes, reglamentos, acuerdos o decretos que incidan en la competencia de la Secretaría;

XXI. Organizar y coordinar los programas de comunicación social y de relaciones públicas de la Secretaría;

XXII. Realizar estudios para determinar las características y especificaciones técnicas de las Unidades Operativas, conforme a los avances tecnológicos y a las necesidades operacionales de la Armada;

XXIII. Supervisar el desarrollo y funcionamiento de los procesos logísticos de la Armada a fin de que las Unidades Administrativas cuenten con los medios para el sostenimiento de sus operaciones navales;

XXIV. Establecer las directrices, sistemas, procesos y procedimientos para la ejecución de las atribuciones conferidas a las Unidades Administrativas y Operativas que tenga adscritas;

XXV. Participar en la elaboración del programa sectorial, definiendo los objetivos, estrategias y líneas de acción que la Secretaría deberá realizar, de conformidad con el Plan Nacional de Desarrollo;

XXVI. Coordinar con los sectores público, privado y social, la elaboración de los programas en donde participe la Secretaría;

XXVII. Integrar y participar de acuerdo con sus facultades, en comisiones y comités, internos o externos, transitorios o permanentes, nacionales e internacionales;

XXVIII. Coordinar con la Coordinación General de Puertos y Marina Mercante y la Unidad de Capitanías de Puerto y Asuntos Marítimos el cumplimiento de las disposiciones jurídicas en materia de protección marítima y portuaria en los términos que establezcan los ordenamientos jurídicos del país y los instrumentos internacionales de los que México sea parte;

XXIX. Planear, organizar, dirigir y controlar el Servicio de Búsqueda y Rescate para la Salvaguarda de la vida humana en la mar; determinar las estaciones de búsqueda y rescate que se establecerán en los litorales, y coordinar con la Unidad de Capitanías de Puerto y Asuntos Marítimos la implementación de las disposiciones jurídicas en dichas materias;

XXX. Coordinar, en conjunto con la Unidad de Capitanías de Puerto y Asuntos Marítimos, la aplicación de los protocolos y procedimientos del Sistema Mundial de Socorro y Seguridad Marítima, de acuerdo con las disposiciones jurídicas aplicables;

XXXI. Supervisar la organización de la logística para el mantenimiento de las unidades de superficie, de infantería de marina, y aeronavales de la Secretaría y su equipo de apoyo en tierra;

XXXII. Promover la permanencia, capacitación y adiestramiento del personal de las unidades de superficie, de infantería de marina y aeronavales;

XXXIII. Participar en el desarrollo de la infraestructura, administración, seguridad y mantenimiento de las instalaciones de las unidades de superficie, de infantería de marina y aeronavales de la Secretaría;

XXXIV. Supervisar las propuestas de necesidades de modernización de las unidades de superficie, de infantería de marina y aeronavales;

XXXV. Supervisar las ejecuciones del programa de seguridad en el mantenimiento y operación de las unidades de superficie, de infantería de marina y aeronavales, a fin de reducir el índice de accidentes e incidentes para fortalecer la cultura de la seguridad;

XXXVI. Integrar las necesidades de las unidades de superficie, de infantería de marina y aeronavales proponiendo su adquisición, baja y sustitución;

XXXVII. Proponer a la persona titular de la Secretaría la ubicación de los establecimientos de apoyo logístico de acuerdo con las necesidades de la Armada;

XXXVIII. Coordinar acciones con otras dependencias y entidades de la Administración Pública Federal, que se requieran para la aplicación del Plan Nacional de Contingencias para Combatir y Controlar Derrames de Hidrocarburos y otras Sustancias Nocivas en el Mar;

XXXIX. Dirigir y supervisar las actividades de la promoción general de ascensos de conformidad con la Ley de Ascensos de la Armada de México, su Reglamento y demás disposiciones jurídicas aplicables;

XL. Emitir directivas tendientes a incrementar la moral del personal naval, así como para otorgarles estímulos y recompensas conforme a las disposiciones jurídicas aplicables;

XLI. Establecer y supervisar los servicios de protección a instalaciones estratégicas del país, en el ámbito de competencia de la Secretaría, conforme a las disposiciones jurídicas aplicables;

XLII. Planear, conducir y ejecutar actividades de seguridad y ciberdefensa para la protección de la infraestructura crítica de la Secretaría y coadyuvar en el ámbito de su competencia con las demás instituciones del Estado, y

XLIII. Las demás que le confieran otras disposiciones jurídicas, así como las funciones que le encomiende la persona titular de la Secretaría.

Artículo 14. La persona titular de la Jefatura del Estado Mayor General de la Armada, para el ejercicio de las facultades que le confiere el artículo anterior, se auxiliará por la Subjefatura Operativa, la Subjefatura Administrativa, las Coordinadoras, las Jefaturas de Sección, las Jefaturas de Unidades y demás personal que se requiera para el cumplimiento de las atribuciones del Estado Mayor y se encuentre autorizado presupuestalmente.

Capítulo VIII. De las Atribuciones Genéricas de la Universidad Naval, de las Jefaturas de Unidad y Direcciones Generales

Artículo 15. Al frente de la Universidad Naval, de las Jefaturas de Unidad y Direcciones Generales, habrá personas titulares de la Rectoría, de las Jefaturas de Unidad y de las Direcciones Generales, respectivamente, quienes serán responsables ante sus superiores del funcionamiento de su Unidad Administrativa y se auxiliarán por las Direcciones que orgánicamente dependan de estas.

Artículo 16. La Rectoría de la Universidad Naval, las Jefaturas de Unidad y las Direcciones Generales tienen las atribuciones genéricas siguientes:

I. Planear, organizar, dirigir, controlar y evaluar el desarrollo de los programas, atribuciones y funciones encomendadas a las unidades administrativas a su cargo;

II. Suscribir los documentos relativos al ejercicio de sus facultades y aquellos que le sean señalados por delegación o le correspondan por suplencia, así como ordenar la elaboración de actas administrativas según proceda, sin perjuicio de la aplicación de otras disposiciones jurídicas;

III. Emitir opinión respecto de los convenios y contratos que celebre la Secretaría cuando contengan aspectos de su competencia;

IV. Administrar el personal y los recursos a su cargo;

V. Formular el programa de actividades de su Unidad Administrativa, y vigilar su ejecución en los términos y calendarios en que deban ser realizados;

VI. Formular el anteproyecto de presupuesto anual de egresos que corresponda a la Unidad Administrativa a su cargo, así como supervisar y controlar el ejercicio del presupuesto autorizado al interior de dicha Unidad Administrativa, de acuerdo con las disposiciones jurídicas aplicables;

VII. Implementar las disposiciones jurídicas y administrativas para efectuar una adecuada supervisión y control de los recursos humanos, materiales, servicios generales, financieros y de tecnologías de la información y comunicaciones, asignados a las Unidades Administrativas que tenga adscritas;

VIII. Coordinar con la Unidad Jurídica la atención de los asuntos siguientes:

a) Cuando impliquen cuestiones legales;

b) En la elaboración y rendición de los informes previos y justificados, así como de cualquier escrito o recurso, cuando sea señalada como autoridad responsable en los juicios de amparo, y

c) En la presentación de alguna denuncia o querella ante la Agencia del Ministerio Público, respecto de hechos en los que resulte competente;

IX. Participar en la selección e ingreso de su personal, así como intervenir en las licencias, promociones y sanciones del mismo;

X. Aplicar las políticas, normas, sistemas, procesos y procedimientos conducentes para la ejecución de las atribuciones de su competencia;

XI. Proponer a su superior jerárquico modificaciones en la organización de la Unidad Administrativa a su cargo, así como coordinar la elaboración y actualización de los manuales administrativos que requiera;

XII. Asesorar en asuntos de su competencia a los titulares de las Unidades, órganos y demás áreas a que se refiere el artículo 3 del presente Reglamento;

XIII. Representar a la Secretaría, en asuntos de su competencia, cuando así lo acuerde la persona titular de la Secretaría;

XIV. Integrar y participar, de acuerdo con sus facultades, en comisiones y comités, internos o externos, transitorios o permanentes, nacionales e internacionales;

XV. Determinar las necesidades de capacitación y especialización del personal a su cargo bajo la orientación de la Dirección General de Recursos Humanos;

XVI. Expedir copias certificadas de documentos o constancias que existan en los archivos a su cargo, cuando proceda en términos de las disposiciones jurídicas aplicables;

XVII. Autorizar por escrito, conforme a las necesidades del servicio y de acuerdo con su superior jerárquico, en servidores públicos subalternos para que intervengan en determinados asuntos, relacionados con la competencia de la Unidad Administrativa a su cargo, y

XVIII. Las demás que le confieran otras disposiciones jurídicas, así como las funciones que le encomiende la persona titular de la Secretaría.

Capítulo IX. De las Atribuciones Específicas de la Universidad Naval, de la Unidad de Promoción y Protección de los Derechos Humanos, de la

Unidad Jurídica, de la Unidad de Capitanías de Puerto y Asuntos Marítimos, de la Unidad de Policía Naval y de la Unidad de Investigación y Desarrollo Tecnológico

Artículo 17. La Rectoría de la Universidad Naval tiene las atribuciones siguientes:

I. Planear, coordinar, supervisar y evaluar las actividades académicas de la Universidad Naval, garantizando la pertinencia en la formación de sus discentes, así como implementar mecanismos que aseguren la calidad tecnológica y administrativa de sus servicios;

II. Dirigir la elaboración y actualización del Plan General de Educación Naval y del Modelo Educativo Naval, así como su evaluación;

III. Elaborar el Modelo Educativo Naval y los planes y programas de estudios que impartan los establecimientos educativos navales que integran la Universidad Naval, con la asesoría técnico-pedagógica que, en su caso, requiera, por parte de la Secretaría de Educación Pública;

IV. Coordinar con el Estado Mayor, los temas de carácter naval militar que deban considerarse en los planes y programas de estudios que impartan los establecimientos educativos navales que integran la Universidad Naval;

V. Impulsar la investigación e innovación científica, académica y tecnológica, de acuerdo con los objetivos, estrategias y acciones previstas en el Plan General de Educación Naval;

VI. Formar al personal docente que impartirá las diversas asignaturas en los establecimientos educativos navales que integran la Universidad Naval;

VII. Determinar los perfiles profesionales del personal docente de los establecimientos educativos navales que integran la Universidad Naval con el propósito de obtener criterios para la designación, promoción o reemplazo;

VIII. Desarrollar en el personal de discentes una formación académica de calidad que provea las competencias para el cumplimiento de sus funciones dentro de la Armada, con sujeción a los principios doctrinarios navales;

IX. Establecer relaciones de intercambio educativo entre los establecimientos educativos navales que integran la Universidad Naval y otras instituciones de educación superior públicas o privadas, nacionales o extranjeras;

X. Desarrollar, coordinar, orientar y controlar los servicios educativos, su infraestructura, los recursos humanos, materiales y financieros de los establecimientos educativos navales que integran la Universidad Naval;

XI. Fortalecer la educación náutica dentro del Sistema Educativo Nacional;

XII. Definir y estructurar los esquemas académicos que se requieran para que los discentes y docentes de los establecimientos educativos navales que integran la Universidad Naval realicen estancias escolares, prácticas profesionales, residencias y cualquier otra actividad académica que esté asociada con los planes y programas de estudios que impartan, y

XIII. Celebrar convenios, acuerdos y demás instrumentos jurídicos con otras instituciones de educación superior públicas y privadas, nacionales o extranjeras, que tengan por objeto mejorar los servicios educativos a cargo de los establecimientos educativos navales que integran la Universidad Naval, así como para promover y desarrollar programas, acciones de cooperación y vinculación con las mismas.

Artículo 18. La persona titular de la Jefatura de la Unidad de Promoción y Protección de los Derechos Humanos tiene las facultades siguientes:

I. Proponer a la persona titular de la Secretaría, el diseño e instrumentación de la política interna en materia de derechos humanos, con el fin de fortalecer la cultura, promoción, respeto, protección y garantía desde la Secretaría;

II. Dirigir la planeación, estudios y análisis en las materias de derechos humanos, derecho internacional de los derechos humanos y derecho internacional humanitario;

III. Proponer, desarrollar y ejecutar los programas y medidas institucionales en materia de igualdad de género e inclusión;

IV. Fomentar, en coordinación con otras Unidades Administrativas la formación extracurricular y capacitación del personal de la Secretaría en materia de derechos humanos y derecho internacional humanitario;

V. Proponer a la persona titular de la Secretaría, instrumentos de colaboración con instituciones públicas, privadas, sociales nacionales e internacionales vinculadas a la protección de los derechos humanos y el derecho internacional humanitario;

VI. Representar a la persona titular de la Secretaría en asuntos de carácter no jurisdiccional en materia de derechos humanos, derecho internacional de los derechos humanos y derecho internacional humanitario;

VII. Atender los asuntos en materia de derecho internacional humanitario y derechos humanos que sean competencia de la Secretaría;

VIII. Proponer a la persona titular de la Secretaría la implementación de acciones tendientes a prevenir conflictos ocasionados por las operaciones navales efectuadas en la defensa y seguridad nacional;

IX. Implementar medidas para la atención de las personas afectadas por violaciones a derechos humanos en los que se haya señalado como responsable a personal de la Secretaría;

X. Mediar la solución de conflictos que se presenten a consecuencia de las operaciones navales en la defensa y seguridad nacional, u otras;

XI. Participar con el Órgano Interno de Control en la Secretaría y con la Unidad Jurídica, en la atención de las quejas presentadas ante las autoridades competentes por la ciudadanía en contra del personal de la Secretaría, y

XII. Mediar en los asuntos relacionados con actos de discriminación, violencia laboral o sexual al interior de esta Secretaría.

Artículo 19. La persona titular de la Jefatura de la Unidad Jurídica tiene las facultades siguientes:

I. Asesorar a la persona titular de la Secretaría respecto de la elaboración de los anteproyectos de iniciativas de leyes, decretos legislativos, y de proyectos de reglamentos, decretos, acuerdos y demás disposiciones jurídicas de observancia general en las materias de la Secretaría, incluyendo las normas oficiales mexicanas, así como emitir opinión sobre los anteproyectos o proyectos que propongan otras Unidades Administrativas de la Secretaría y, en su caso, emitir la validación jurídica de los mismos;

II. Tramitar la publicación en el Diario Oficial de la Federación de las disposiciones de carácter general que emita la Secretaría;

III. Opinar jurídicamente respecto de los proyectos de contratos, convenios, acuerdos, bases de colaboración, concesiones, permisos, autorizaciones, declaratorias, rescates, requisas y demás actos jurídicos que a la Secretaría compete celebrar, emitir, otorgar o resolver, así como de los proyectos para modificar, ejecutar, revisar o terminar dichos actos jurídicos y las garantías que deban constituirse para el cumplimiento de las obligaciones establecidas en los mismos;

IV. Intervenir en los procedimientos de rescisión y de exigibilidad de garantías y penalización de los contratos, pedidos y demás negocios jurídicos en los que participe la Secretaría, previa solicitud que formulen la persona titular de la Oficialía Mayor o de la Unidad Administrativa u Operativa, responsable del control, seguimiento y ejecución del contrato, pedido o negocio jurídico de que se trate;

V. Asesorar jurídicamente en la revisión de escrituras constitutivas de contratistas y proveedores, concesionarias, permisionarias o autorizadas y los documentos que acrediten la personalidad de los solicitantes o de cualquier otro promovente en materia de contratos, convenios, concesiones, permisos o autorizaciones a cargo de la Secretaría;

VI. Asesorar en materia jurídica en los procedimientos de licitaciones públicas que lleve a cabo la Secretaría para la adjudicación de contratos y concesiones;

VII. Representar al Presidente de los Estados Unidos Mexicanos, en los juicios de amparo respecto de aquellos asuntos que correspondan a la Secretaría, en términos de la Ley de Amparo, Reglamentaria de los Artículos 103 y 107 de la Constitución Política de los Estados Unidos Mexicanos;

VIII. Intervenir en las controversias constitucionales y en las acciones de inconstitucionalidad, en las que la persona titular de la Secretaría represente al Presidente de los Estados Unidos Mexicanos;

IX. Intervenir en los procedimientos de cualquier índole y juicios en que la Secretaría sea parte o revistan interés para la misma, representando legalmente a las personas titulares de la Secretaría, de la Subsecretaría de Marina, de la Oficialía Mayor, de la Inspección y Contraloría General de Marina y de la Jefatura del Estado Mayor General de la Armada y demás autoridades de la Secretaría;

X. Ejercer las acciones legales que competen a la Secretaría; comparecer en los juicios en que esta sea parte o llamada como tercero o se considere necesario intervenir con tal naturaleza y asesorar a las autoridades de la Secretaría en las denuncias presentadas ante la Agencia del Ministerio Público por hechos que afecten los intereses de esta Dependencia;

XI. Intervenir ante las instancias judiciales o de carácter contencioso-administrativo en los que la Secretaría sea parte, incluido el ofrecimiento de pruebas, formulación de alegatos, interposición de toda clase de recursos y seguimientos de los mismos;

XII. Representar a todas las autoridades de las distintas unidades y establecimientos de la Secretaría en los juicios y procedimientos, ambos de naturaleza administrativa, cuando aquellos sean señalados como autoridades responsables, o demandadas, aun cuando el llamamiento sea en carácter de terceros, o comparezcan con cualquier carácter;

XIII. Formular demandas y contestaciones en toda clase de procedimientos judiciales, contencioso-administrativos y del trabajo, ejercer acciones y oponer excepciones y defensas, autorizar en juicio a los servidores públicos que intervendrán en los diferentes procesos ante autoridades administrativas y jurisdiccionales y del trabajo, ofrecer pruebas, absolver posiciones, comparecer en todo tipo de audiencias, formular alegatos, interponer toda clase de recursos, conciliar, allanarse y transigir en representación de la Secretaría, dentro de cualquier procedimiento o juicio y, en general, vigilar la tramitación de los mismos, así como atender las sentencias, laudos y resoluciones cuyo cumplimiento corresponda a las Unidades Administrativas de la Secretaría, prestando a estas la asesoría que se requiera;

XIV. Expedir copias certificadas de las constancias que obren en los archivos de la Secretaría cuando deban ser exhibidas en procedimientos judiciales, contenciosos administrativos, del trabajo y, en general, para cualquier proceso o carpeta de investigación;

XV. Conocer y asesorar respecto de los asuntos jurídicos internacionales que sean competencia de la Secretaría;

XVI. Intervenir en los asuntos jurídicos que se deriven de la aplicación de los tratados internacionales o acuerdos interinstitucionales internacionales y participar a solicitud de las Unidades Administrativas de la Secretaría, cuando lo estime conveniente, en las reuniones que se efectúen sobre dichas disposiciones jurídicas;

XVII. Resolver las dudas en materia jurídica que se susciten con motivo de la interpretación o aplicación de este Reglamento y de las demás disposiciones jurídicas que deban ser aplicadas por personal de la Secretaría;

XVIII. Colaborar con la Inspección y Contraloría General de Marina, de acuerdo con las instrucciones de la persona titular de la Secretaría, para dar cumplimiento a la Ley General de Responsabilidades Administrativas y demás disposiciones jurídicas aplicables;

XIX. Analizar y establecer los criterios jurídicos en los asuntos de carácter legal en que tenga injerencia la Secretaría;

XX. Someter a consideración de la persona titular de la Secretaría, las solicitudes de retiro de acción penal que presente el personal naval, que se encuentra sujeto a proceso en la jurisdicción militar;

XXI. Asesorar al Consejo del Almirantazgo en los asuntos de su competencia;

XXII. Supervisar los asuntos penales del orden militar, federal o común, atribuidos a servidores públicos de la Secretaría, así como de los asuntos disciplinarios del personal naval;

XXIII. Coordinar el Servicio de Justicia Naval, así como al personal naval o civil que cuenta con estudios en derecho, criminología y criminalística y que se encuentre desempeñando sus servicios en estas materias o en áreas jurídicas de la Secretaría;

XXIV. Colaborar con la Inspección y Contraloría General de Marina en asuntos de justicia naval;

XXV. Sustanciar los procedimientos administrativos que, en su caso, se instrumenten en la Secretaría conforme a sus atribuciones;

XXVI. Asesorar jurídicamente al personal de la Secretaría que participa en operaciones para el mantenimiento del estado de derecho;

XXVII. Asesorar jurídicamente al personal de la Secretaría en la aplicación de las normas jurídicas en materias marítima y portuaria, del combate al terrorismo, contrabando, piratería, tráfico ilegal de personas, armas, estupefacientes, psicotrópicos y demás actos ilícitos cometidos en las zonas marinas mexicanas;

XXVIII. Participar en las reuniones de trabajo intersecretariales o con diversos organismos públicos o privados en temas relacionados con las atribuciones de la Secretaría y evaluar las recomendaciones que se generen en ellas;

XXIX. Coordinar y asesorar en materia jurídica a las fuerzas, zonas, sectores navales y otras unidades operativas que se establezcan, respecto del control de bienes asegurados que se encuentren bajo guarda y custodia, o en comodato de la Secretaría;

XXX. Emitir opiniones, que en materia jurídica soliciten las Unidades Administrativas respecto a la procedencia de la imposición de sanciones que propongan dichas Unidades en materia marítima, y

XXXI. Promover el cumplimiento de los criterios y resoluciones administrativas que se establezcan en materia de vías generales de comunicación, modos de transporte marítimo, servicios auxiliares y conexos por la Autoridad Marítima Nacional o por la Organización Marítima Internacional.

Artículo 20. La Unidad de Capitanías de Puerto y Asuntos Marítimos tienen las atribuciones siguientes:

I. Planear, organizar, coordinar, controlar y conducir el ejercicio de la Autoridad Marítima Nacional en las zonas marinas mexicanas, costas, puertos, recintos portuarios, terminales, marinas e instalaciones portuarias nacionales, así como en cada espacio adyacente a las aguas nacionales donde se realicen actividades sujetas a su competencia en materia de:

a) Salvaguarda de la vida humana en la mar;

b) Seguridad marítima;

c) Salvamento en caso de accidentes o incidentes de embarcaciones;

d) Control de tráfico marítimo;

e) Administración y operación del señalamiento marítimo, y

f) Regulación de la seguridad de la navegación en los términos que establezcan las disposiciones jurídicas aplicables, así como controlar los servicios de ayudas a la navegación y radiocomunicación marítima;

g) Protección marítima y portuaria, en los términos que establezcan los tratados internacionales y las leyes en la materia;

II. Dirigir, coordinar y supervisar a las Capitanías de Puerto, en el ejercicio que estas realicen de las atribuciones que les confieren las leyes, tratados internacionales, acuerdos interinstitucionales, reglamentos, normas oficiales mexicanas y demás disposiciones jurídicas aplicables;

III. Ejercer las atribuciones previstas en el artículo 8, fracciones II, V, VI, IX, X, XII, XIII, XIV, XV, XVI, XVII, XVIII, XIX, XX, XXI, XXII, XXIII, XXIV XXV, XXVI, XXVII, XXVIII, XXIX y XXX de la Ley de Navegación y Comercio Marítimos, para lo cual, cuando lo estime necesario, podrá auxiliarse de las Capitanías de Puerto;

IV. Proponer a la persona titular de la Secretaría el establecimiento de la jurisdicción territorial y marítima de las Capitanías de Puerto;

V. Designar a una Capitanía de Puerto como regional, cuando en una entidad federativa con puertos habilitados se encuentren más de una Capitanía de Puerto.

Para efectos del párrafo anterior, la Capitanía de Puerto regional además de ejercerlas atribuciones de una Capitanía de Puerto, le corresponderá las funciones de coordinación y representación administrativa de las otras Capitanías que se encuentran en la región a su cargo;

VI. Proponer a la persona titular de la Secretaría la designación y remoción de los titulares de las Capitanías de Puerto;

VII. Autorizar la habilitación de delegados honorarios para controlar el arribo y despacho de las embarcaciones turísticas o de recreo;

VIII. Supervisar los casos de arribada forzosa o imprevista de embarcaciones que autoricen las Capitanías de Puerto en su jurisdicción;

IX. Programar, establecer, operar y controlar el señalamiento marítimo y determinar de conformidad con las disposiciones jurídicas aplicables los términos y condiciones a que deberán apegarse los concesionarios de una administración portuaria integral, así como las terminales, marinas, instalaciones portuarias y vías navegables en esta materia;

X. Participar con la Coordinación General de Puertos y Marina Mercante, en el establecimiento de áreas marítimas para fondeaderos, canales de navegación y áreas de seguridad en las zonas adyacentes a los puertos;

XI. Participar en el ámbito de su competencia, con las dependencias de la Administración Pública Federal que correspondan en el establecimiento de las áreas de seguridad, en las instalaciones y áreas de explotación y exploración de recursos naturales en aguas de jurisdicción federal;

XII. Establecer en coordinación con la Jefatura del Estado Mayor, las normas en materia de búsqueda y rescate para la salvaguarda de la vida humana en la mar y, en su caso, supervisar que se cumplan dichas normas;

XIII. Ordenar las investigaciones y actuaciones en materia de accidentes e incidentes marítimos, fluviales y lacustres; designar peritos facultados profesionalmente en la materia, así como emitir los dictámenes correspondientes;

XIV. Autorizar:

a) La dimisión de bandera y cancelación de la matrícula de las embarcaciones y de los artefactos navales mayores de trescientas unidades de arqueo bruto, y

b) A través de la Capitanía de Puerto el abanderamiento, la matriculación, la señal distintiva, la dimisión de bandera y la cancelación de matrícula, a embarcaciones y artefactos navales de hasta trescientas unidades de arqueo bruto;

XV. Establecer los lineamientos que regulen la inspección, verificación, auditoría y certificación de las embarcaciones y artefactos navales mexicanos, incluidas las aplicables a las instalaciones de servicios de recepción de desechos, los puertos, instalaciones portuarias y terminales marítimas;

XVI. Establecer los lineamientos que regulen las inspecciones a las embarcaciones y artefactos naval y artefactos navales extranjeros, de conformidad con los tratados internacionales y la legislación nacional aplicable;

XVII. Efectuar las inspecciones, verificaciones y certificaciones a que se refiere la Ley de Navegación y Comercio Marítimos, por si o por conducto de terceros debidamente autorizados;

XVIII. Coadyuvar con las dependencias competentes de la Administración Pública Federal en las actividades de protección al medio ambiente, sin perjuicio de las atribuciones de estas;

XIX. Otorgar, revocar o suspender permisos y autorizaciones de navegación para prestar servicios en vías generales de comunicación por agua, en los términos de la Ley de Navegación y Comercio Marítimos, así como verificar su cumplimiento;

XX. Supervisar el otorgamiento de permisos, así como las revocaciones y suspensiones de estos, que efectúen las Capitanías de Puerto para la prestación de servicios de transporte marítimo de pasajeros y de turismo náutico, con embarcaciones menores de recreo o deportivas mexicanas o extranjeras;

XXI. Supervisar y coordinar con las Capitanías de Puerto los desguaces, remoción y declaratorias de amarre temporal y de abandono de embarcaciones y artefactos navales que emita la persona titular de la Capitanía de Puerto a favor de la Nación;

XXII. Administrar a través de las Capitanías de Puerto los registros nacionales de embarcaciones y de la gente de mar;

XXIII. Imponer las sanciones establecidas en la Ley de Navegación y Comercio Marítimos, su Reglamento y tratados internacionales en las materias de su competencia por sí o a través de las Capitanías de Puerto, conforme a lo previsto en dichos ordenamientos y demás disposiciones jurídicas aplicables;

XXIV. Certificar singladuras y expedir las libretas de mar e identidad marítima del personal embarcado de la marina mercante mexicana, a través de las Capitanías de Puerto;

XXV. Coordinar a través de las Capitanías de Puerto, el cuerpo de vigilancia, seguridad y auxilio en las zonas marinas mexicanas y para la navegación interior;

XXVI. Proponer a la persona titular de la Secretaría la expedición de normas oficiales mexicanas en el ámbito de su competencia y verificar su cumplimiento, así como promover la difusión de las disposiciones en materia de seguridad y protección marítima y portuaria;

XXVII. Coordinar acciones con las autoridades federal, estatal y municipal en la aplicación de medidas de seguridad y protección marítima, así como de protección portuaria en los términos que establezcan las disposiciones jurídicas aplicables;

XXVIII. Supervisar que las Capitanías de Puerto cumplan con las disposiciones jurídicas en materia de autorización de arribos y despachos de las embarcaciones y artefactos navales;

XXIX. Aplicar y verificar el cumplimiento de las disposiciones jurídicas en materia de protección marítima y portuaria;

XXX. Supervisar y coordinar con las Capitanías de Puerto, la prestación de servicios de ayuda a la navegación y radiocomunicación marítimas;

XXXI. Proponer y tramitar el establecimiento modificación y actualización de las cuotas y tarifas por concepto de pago de derechos y aprovechamientos relacionados con los trámites del ámbito de su competencia;

XXXII. Registrar las bases y tarifarias de servicio regular de transporte de cabotaje de pasajeros, y

XXXIII. Integrar la información estadística del transporte marítimo mercante.

Artículo 21. La persona titular de la Unidad de Capitanías de Puerto y Asuntos Marítimos para el ejercicio de sus facultades, se auxiliará por las Direcciones que orgánicamente dependan de esta.

Artículo 22. La Secretaría contará con una Capitanía de Puerto en cada puerto habilitado o espacio adyacente a las aguas nacionales donde se realicen actividades sujetas a la competencia de la Autoridad Marítima Nacional, las cuales están subordinadas jerárquicamente a la Unidad de Capitanías de Puerto y Asuntos Marítimos y tendrán, dentro de sus respectivas jurisdicciones territoriales y marítimas, además de las atribuciones previstas en el artículo 9 de la Ley de Navegación y Comercio Marítimos, las siguientes:

I. Autorizar la dimisión de bandera y cancelación de matrícula de las embarcaciones y artefactos navales de hasta trescientas unidades de arqueo bruto, que correspondan al puerto de su jurisdicción;

II. Revocar y, en su caso, suspender los permisos que haya otorgado para la prestación de servicios de transporte marítimo de pasajeros y de turismo náutico dentro de las aguas de su jurisdicción;

III. Calificar los casos de arribada forzosa o imprevista, de las embarcaciones que lleguen al puerto de su jurisdicción;

IV. Turnar para la resolución del superior jerárquico, los recursos administrativos que en contra de sus actos, promuevan los interesados, y

V. Las demás que le confieran otras disposiciones jurídicas, así como aquellas que expresamente se autoricen para su ejercicio en términos de este Reglamento.

Artículo 23. La Unidad de Policía Naval tiene las atribuciones siguientes:

I. Administrar y controlar los recursos humanos, materiales y financieros asignados a las Brigadas de Policía Naval y a los Centros de Adiestramiento de la Policía Naval;

II. Proponer los recursos humanos, materiales y financieros que la Secretaría asignará a la Guardia Nacional;

III. Establecer, en coordinación con la Universidad Naval, los requerimientos de capacitación, adiestramiento y entrenamiento, para el personal naval que integre las Brigadas de Policía Naval;

IV. Coordinar con la Guardia Nacional, la evaluación del personal naval comisionado en ese órgano, en el desempeño de su comisión, así como en su comportamiento disciplinario, y

V. Coordinar con la Secretaría de Seguridad y Protección Ciudadana, a través de la Guardia Nacional, las prestaciones que se otorgarán al personal naval derivadas de su comisión en ese órgano.

Artículo 24. La Unidad de Investigación y Desarrollo Tecnológico tiene las atribuciones siguientes:

I. Planear, coordinar y supervisar la ejecución de los proyectos de investigación científica y desarrollo tecnológico e innovación de la Secretaría;

II. Promover la implementación de los proyectos y productos de innovación generados de la investigación y desarrollo tecnológico de la Secretaría;

III. Proponer los proyectos de ciencia y tecnología con el fin de solucionar problemáticas y necesidades de la Secretaría, que sean viables de desarrollar a través de instituciones, nacionales o internacionales, o centros de investigación de esta Dependencia, con recursos propios o de fondos instituidos para tal fin;

IV. Establecer y mantener vínculos con instituciones nacionales y extranjeras en el ámbito de investigación científica y desarrollo tecnológico e innovación;

V. Participar en la supervisión y evaluación de las actividades de investigación y desarrollo de tecnologías que realicen otras instituciones y empresas públicas y privadas a la Secretaría;

VI. Emitir opinión, en el ámbito de competencia de la Secretaría, sobre solicitudes efectuadas por instituciones u organismos nacionales e internacionales en materia de tecnologías relacionadas con el desarrollo marítimo nacional, sin perjuicio de las atribuciones que correspondan a otras dependencias y entidades de la Administración Pública Federal, y

VII. Representar a la Secretaría por acuerdo de la persona de titular de la Secretaría, en comités, congresos, conferencias y demás eventos, nacionales o internacionales, en materia de investigación científica y desarrollo tecnológico e innovación que sean de interés para la Secretaría.

Capítulo X. De las Direcciones Generales

Artículo 25. La Dirección General de Construcciones Navales tiene las atribuciones siguientes:

I. Diseñar, construir, reparar, mantener y rehabilitar las unidades de superficie;

II. Mantener y rehabilitar los vehículos militares;

III. Diseñar, construir, reparar, mantener y rehabilitar los buques y estructuras flotantes del sector público y privado, previa solicitud correspondiente;

IV. Actualizar, renovar y recuperar maquinaria, equipos y unidades navales, y

V. Administrar, mantener y desarrollar los establecimientos de construcción, reparación y mantenimiento de unidades de superficie y vehículos militares.

Artículo 26. La persona titular de la Dirección General de Construcciones Navales para el ejercicio de sus facultades, se auxiliará por las Direcciones que orgánicamente dependan de esta.

Artículo 27. La Dirección General de Servicios Generales e Hidrográficos tiene las atribuciones siguientes:

I. Proporcionar y supervisar el apoyo técnico y logístico para mantener en condiciones operativas el armamento naval y marinero de las unidades navales;

II. Integrar las necesidades de bocas de fuego y armamento menor que requieran las Unidades Operativas, proponiendo su adquisición;

III. Ordenar la elaboración de los programas de mantenimiento, reparación y recuperación del armamento naval y marinero, en sus diversos escalones;

IV. Establecer las normas de seguridad y procedimientos de recepción, almacenamiento, manejo, control, suministro, distribución y consumo de armamento naval, explosivos y municiones;

V. Definir las normas y lineamientos para los sistemas de seguridad de polvorines, pañoles y santabárbaras;

VI. Emitir y difundir las normas, procedimientos, instructivos y manuales de mantenimiento del armamento naval;

VII. Supervisar las actividades de las Brigadas de Construcción, Dragas y Residencia de Dragado de la Secretaría;

VIII. Ordenar y supervisar la elaboración y ejecución de los planes y programas de las obras de dragado de la Secretaría y de aquellos que se requiera para coadyuvar en el desarrollo marítimo portuario;

IX. Proponer para la autorización de su superior jerárquico, el programa de adquisiciones de maquinaria, refacciones, herramientas y equipos complementarios necesarios para mantener la operatividad y modernización de las unidades de dragado;

X. Supervisar la opinión que se emita sobre los proyectos y programas de desarrollo portuario o marítimo, en materia de seguridad nacional;

XI. Coordinar las acciones que se requieran con autoridades de los tres niveles de gobierno, en el desarrollo del sector marítimo portuario;

XII. Establecer y mantener enlaces de comunicaciones de voz, datos y video seguras, confiables y oportunas para los servicios de la Secretaría;

XIII. Definir sistemas informáticos para la automatización de procesos operativos y administrativos de la Secretaría;

XIV. Promover la política institucional y la normatividad de las tecnologías de la información y comunicaciones, en términos de las disposiciones jurídicas aplicables;

XV. Supervisar la operación, mantenimiento y administración de las tecnologías de la información y comunicación que utilice la Secretaría;

XVI. Integrar las necesidades de material y equipo de comunicaciones e informática de las Unidades Administrativas y Operativas de la Secretaría, proponiendo su adquisición;

XVII. Supervisar la ejecución de estudios relativos a la protección y conservación del medio ambiente marino, sin perjuicio de las atribuciones que correspondan a otras dependencias y entidades de la Administración Pública Federal;

XVIII. Emitir opinión, en el ámbito de competencia de la Secretaría, sobre solicitudes efectuadas por instituciones u organismos extranjeros o internacionales en materia de permisos para expediciones o exploraciones de carácter científico en las zonas marinas mexicanas, sin perjuicio de las atribuciones que correspondan a otras dependencias y entidades de la Administración Pública Federal;

XIX. Supervisar los trabajos hidrográficos, oceanográficos, meteorológicos y operación del Centro de Alerta de Tsunamis, así como la integración del archivo de información oceanográfica nacional y el archivo de cartas marítimas;

XX. Emitir lineamientos para hacer cumplir y coadyuvar en el cumplimiento de las disposiciones en materia de equilibrio ecológico y protección al medio ambiente marino, con base en las disposiciones jurídicas aplicables;

XXI. Coadyuvar con otras dependencias de la Administración Pública Federal en las actividades de protección al medio ambiente marino, sin perjuicio de las atribuciones de estas, así como supervisar los programas que implementa la Secretaría en materia de preservación y restauración del medio ambiente marino;

XXII. Proporcionar el apoyo técnico y humano que requiera el Estado Mayor, para la aplicación del Plan Nacional de Contingencias para Combatir y Controlar Derrames de Hidrocarburos y otras Sustancias Nocivas en el Mar, así como celebrar convenios de coordinación necesarios que garanticen la efectiva prevención y control de la contaminación marina;

XXIII. Emitir opinión científica sobre estudios de afectación al medio ambiente en proyectos de construcción de todo tipo de vías generales de comunicación marítima, fluvial y lacustre, así como los espacios integrantes de estas;

XXIV. Participar en el desarrollo de la infraestructura, administración y seguridad portuaria, así como en el señalamiento marítimo en los recintos portuarios y zonas de fondeo;

XXV. Promover el desarrollo y operación de las redes mareográfica y meteorológica de la Secretaría;

XXVI. Representar a la Secretaría por acuerdo de la persona titular de la Secretaría, en comités, congresos, conferencias y demás eventos, nacionales o internacionales, en las materias a que se refiere el presente artículo, y

XXVII. Proponer a la persona titular de la Subsecretaría de Marina, el otorgamiento de los permisos de vertimientos en las zonas marinas mexicanas, de conformidad con las disposiciones jurídicas aplicables.

Artículo 28. La persona titular de la Dirección General de Servicios Generales e Hidrográficos para el ejercicio de sus facultades, se auxiliará por las Direcciones que orgánicamente dependan de esta.

Artículo 29. La Dirección General de Recursos Humanos tiene las atribuciones siguientes:

I. Instrumentar los procesos de reclutamiento, selección, contratación, control, evaluación, distribución y reenganche del personal naval;

II. Definir y establecer las normas y lineamientos para la implementación de las promociones y ascensos, así como para los cambios de adscripción del personal naval;

III. Administrar el registro del personal naval en el servicio activo y de la reserva, conforme a las disposiciones jurídicas aplicables;

IV. Comunicar la procedencia de retiro y la retención en el activo, así como las bajas y licencias del personal naval conforme a las disposiciones jurídicas aplicables;

V. Aprobar, dirigir y evaluar el programa de reclutamiento de personal para la Armada;

VI. Administrar la acreditación, identificación y situación administrativa del personal de la Secretaría;

VII. Determinar la aplicación de las planillas orgánicas de las Unidades Operativas y Administrativas, así como la creación, modificación y reestructuración de los cuerpos y servicios de la Armada;

VIII. Proponer, de acuerdo con los requerimientos del puesto, al personal de escala de los diferentes cuerpos y servicios para las unidades y establecimientos navales;

IX. Formular, tramitar y certificar la documentación del personal de la Armada;

X. Vigilar que el área coordinadora de archivos actualice y aplique procesos a los archivos de trámite, concentración e histórico; resguarde la documentación del personal activo y de baja, para coadyuvar en la transparencia, rendición de cuentas y garantizar el acceso a la información;

XI. Supervisar la implementación de sistemas destinados a la gestión de documentos electrónicos y automatización de los archivos;

XII. Supervisar la atención médica otorgada al personal naval y sus derechohabientes;

XIII. Participar en el Sistema Nacional de Salud para establecer y desarrollar programas de salud;

XIV. Integrar las necesidades de recursos materiales y financieros de los escalones de sanidad naval y requerirlos a la Dirección General de Administración y Finanzas, así como su posterior control y ministración;

XV. Establecer los lineamientos internos para la operación de los establecimientos de sanidad naval;

XVI. Supervisar el otorgamiento de las prestaciones y derechos del personal naval y sus derechohabientes conforme a las disposiciones jurídicas en materia de seguridad social;

XVII. Implementar los programas de seguridad y bienestar social y de equidad e igualdad de género para el personal naval y sus derechohabientes;

XVIII. Administrar al personal civil de la Secretaría, conforme a las disposiciones jurídicas aplicables;

XIX. Intervenir en las relaciones y condiciones laborales del personal civil de la Secretaría, y

XX. Atender las peticiones, sugerencias o quejas de la ciudadanía respecto de los trámites y servicios que desarrolla la Secretaría.

Artículo 30. La persona titular de la Dirección General de Recursos Humanos para el ejercicio de sus facultades, se auxiliará por las Direcciones que orgánicamente dependan de esta.

Artículo 31. La Dirección General de Administración y Finanzas tiene las atribuciones siguientes:

I. Realizar las actividades de planeación, programación, presupuestación y evaluación del presupuesto de la Secretaría, así como gestionar el registro correspondiente ante la Secretaría de Hacienda y Crédito Público;

II. Conducir la integración del programa de actividades de la Secretaría;

III. Coordinar la integración del programa sectorial de la Secretaría y efectuar su seguimiento;

IV. Dirigir la integración del anteproyecto de presupuesto anual de egresos de la Secretaría y supervisar que el ejercicio del presupuesto autorizado a dicha Dependencia se realice de conformidad con las disposiciones jurídicas aplicables;

V. Supervisar la evaluación de los programas y proyectos autorizados a la Secretaría, así como la rendición de cuentas;

VI. Determinar la procedencia organizacional de las modificaciones a los organigramas, estructuras orgánicas y ocupacionales; participar con las unidades navales en la formulación de los perfiles de puestos y plazas con las áreas correspondientes, así como efectuar los controles y registros ante las dependencias competentes de la Administración Pública Federal;

VII. Coordinar el análisis y diseño de los procesos administrativos, el manual de organización general, el manual de servicios al público de la Secretaría y los manuales de organización y de procedimientos administrativos de las Unidades Administrativas y Operativas;

VIII. Proponer a la persona titular de la Oficialía Mayor la sistematización de la información en materia presupuestaria, a fin de facilitar la toma de decisiones y coadyuvar al mejoramiento de la programación y presupuestario de la Secretaría;

IX. Dirigir la integración de los informes de evaluación del presupuesto autorizado a la Secretaría y los de rendición de cuentas;

X. Ejercer el presupuesto autorizado de la Secretaría, conforme a las disposiciones jurídicas aplicables;

XI. Registrar y controlar los movimientos presupuestarios de la Secretaría, así como llevar el seguimiento del ejercicio presupuestario conforme a las disposiciones jurídicas aplicables;

XII. Llevar la contabilidad gubernamental de la Secretaría;

XIII. Adquirir, controlar y distribuir los recursos materiales de la Secretaría, conforme a las disposiciones jurídicas aplicables;

XIV. Supervisar la realización de convocatorias para la adjudicación de contratos relacionados con las adquisiciones, arrendamientos y servicios requeridos por la Secretaría;

XV. Autorizar el dictamen de procedencia para la contratación de bienes, arrendamientos o servicios de origen extranjero de acuerdo con las disposiciones jurídicas aplicables;

XVI. Someter a consideración de la persona titular de la Oficialía Mayor el programa anual de adquisiciones, arrendamientos y servicios de la Secretaría;

XVII. Registrar y tramitar los contratos de adquisiciones, arrendamientos y servicios de la Secretaría, conforme a las disposiciones jurídicas aplicables;

XVIII. Registrar y controlar los bienes muebles a cargo de la Secretaría;

XIX. Suministrar y controlar el abastecimiento de combustibles y lubricantes a las unidades y establecimientos navales de la Secretaría;

XX. Proporcionar y controlar los servicios de transporte a cargo de la Secretaría, y

XXI. Determinar, producir y adquirir el vestuario y equipo requerido para satisfacer las necesidades de la Secretaría y del personal de la Armada, así como programar y controlar su distribución.

Artículo 32. La persona titular de la Dirección General de Administración y Finanzas para el ejercicio de sus facultades, se auxiliará por las Direcciones que orgánicamente dependan de esta.

Artículo 33. La Dirección General de Puertos tiene las atribuciones siguientes:

I. Proponer e instrumentar las políticas y programas para la planeación estratégica del desarrollo del sistema portuario nacional y ejercer la Autoridad Portuaria, por sí o por conducto de las Capitanías de Puerto;

II. Proponer la habilitación de puertos y de terminales de uso público fuera de los mismos, así como autorizar para navegación de altura terminales de uso particular y marinas que no formen parte de algún puerto;

III. Proponer la delimitación y determinación de los recintos portuarios de los puertos, terminales y marinas; participar en la delimitación de las zonas de desarrollo portuario, así como llevar a cabo las acciones tendentes a la liberación, aseguramiento y regularización de áreas portuarias y definir lo que proceda respecto de su ocupación;

IV. Tramitar el otorgamiento de concesiones a que se refiere la Ley de Puertos, y celebrar los concursos públicos correspondientes, para la administración portuaria integral, así como para el uso, aprovechamiento, construcción, operación y explotación de bienes de dominio público en los puertos, terminales y marinas, y tramitar su prórroga, modificación, renovación, ampliación, revocación, rescate o renuncia, así como la cesión total de las concesiones;

V. Construir y supervisar obras en los puertos, terminales, marinas e instalaciones portuarias, que no hayan sido objeto de concesión o permiso, cuando así lo requiera el interés público;

VI. Dar mantenimiento a la infraestructura a su cargo;

VII. Autorizar obras marítimas y de dragado, así como fijar las especificaciones de construcción en los puertos, terminales, marinas e instalaciones portuarias, así como proponer la expedición de normas oficiales mexicanas en el ámbito de su competencia y verificar su cumplimiento;

VIII. Verificar que la construcción de obras que integran los puertos, terminales, marinas e instalaciones portuarias se lleven a cabo, conforme a las condiciones y normas técnicas aplicables, así como autorizar inicio de obras e inicio de operación;

IX. Autorizar los programas maestros de desarrollo portuario y sus modificaciones sustanciales que presenten los administradores portuarios, así como registrar las modificaciones menores o no substanciales a dichos programas;

X. Establecer las bases de regulación tarifaria y de precios conforme a lo previsto en la Ley de Puertos, y, en su caso, autorizar y registrar las tarifas por el uso de infraestructura y prestación de servicios portuarios, así como proponer los derechos, productos, aprovechamientos y las contraprestaciones que se cubrirán al Gobierno Federal por el uso, aprovechamiento y explotación de los bienes de dominio público y los servicios concesionados o permisionados;

XI. Proporcionar a las autoridades competentes la información necesaria para el cobro coactivo de créditos fiscales a cargo de los titulares de concesiones o permisos;

XII. Resolver las inconformidades que se formulen con motivo de la celebración de concursos públicos para el otorgamiento de concesiones, de la celebración de los contratos y las demás a que se refiere la Ley de Puertos y su Reglamento;

XIII. Autorizar los reglamentos internos de los comités de operación y las reglas de operación de los puertos, terminales y marinas de uso público;

XIV. Registrar los contratos de cesión parcial de derechos y para la prestación de servicios que celebren las administraciones portuarias integrales y revocar su registro cuando así proceda;

XV. Resolver las quejas que presenten los navieros en relación con las posiciones de atraque y fondeo y las demás que interpongan los usuarios;

XVI. Integrar la información estadística del movimiento y operación portuarios y llevar el catastro de las obras e instalaciones portuarias;

XVII. Verificar el cumplimiento de las obligaciones que señalen las concesiones, permisos, autorizaciones, programas maestros de desarrollo portuario y demás disposiciones jurídicas aplicables en el ámbito de su competencia;

XVIII. Apercibir a los infractores, así como imponer, graduar, reducir y cancelar, en su caso, las sanciones establecidas en las disposiciones jurídicas aplicables en el ámbito de su competencia y, cuando proceda, dar aviso a las autoridades hacendarias que corresponda y efectuar las notificaciones respectivas;

XIX. Participar en organismos internacionales e intervenir en las negociaciones de convenios y tratados que celebre México con otros países en materia de puertos, en coordinación con las dependencias competentes de la Administración Pública Federal;

XX. Otorgar los permisos para construir y usar embarcaderos, atracaderos, botaderos y demás similares en las vías generales de comunicación por agua, zonas marinas mexicanas y vías navegables, fuera de puertos, terminales y marinas y para prestar servicios portuarios, así como tramitar, en su caso, su prórroga, renovación, modificación, ampliación, cesión, revocación o terminación por cualquiera de las causas previstas en la Ley de Puertos;

XXI. Autorizar a las personas físicas y morales para llevar a cabo la función de certificación de laboratorios de prueba, de conformidad con las disposiciones jurídicas aplicables;

XXII. Participar por sí o por conducto de las Capitanías de Puerto en los consejos de administración de las administraciones portuarias integrales de carácter estatal o municipal, y

XXIII. Acreditar, designar y comisionar en todo el territorio nacional y en las zonas sobre las que la nación ejerce su soberanía y jurisdicción, a servidores públicos de la Secretaría que tendrán facultades de verificación en términos de la Ley de Puertos, su Reglamento y demás disposiciones jurídicas aplicables y podrán actuar en los asuntos que les ordene y comisione esta Dirección General.

Artículo 34. La persona titular de la Dirección General de Puertos, para el ejercicio de sus facultades, se auxiliará por las Direcciones que orgánicamente dependan de esta.

Artículo 35. La Dirección General de Marina Mercante tiene las atribuciones siguientes:

I. Otorgar autorización a personas físicas o morales para actuar como agente naviero general, agente naviero consignatario de buques y agente naviero protector, vigilar su cumplimiento y, en su caso, revocar, cancelar o suspender la autorización concedida, de conformidad con las disposiciones jurídicas aplicables;

II. Organizar, promover y regular la formación y capacitación del personal de la marina mercante mexicana, así como expedir, controlar, renovar, suspender y revocar, en su caso y de conformidad con las disposiciones jurídicas aplicables, la documentación que acredite su aptitud para prestar servicios a bordo de las embarcaciones, que incluye la capacitación, expedición y terminación de los certificados de competencia de los pilotos de puerto;

III. Autorizar a las instituciones educativas que impartirán la educación marítima mercante, sin perjuicio de las atribuciones que correspondan a la Secretaría de Educación Pública, así como vigilar su cumplimiento y, en su caso, revocar, cancelar o suspender las autorizaciones que otorgue en esta materia;

IV. Opinar respecto de las solicitudes de concesión para la construcción, operación y explotación de vías navegables;

V. Otorgar los permisos y autorizaciones de navegación para prestar el servicio de pilotaje en vías generales de comunicación por agua, de acuerdo con las disposiciones jurídicas aplicables, así como vigilar su cumplimiento y, en su caso, revocarlos, cancelarlos o suspenderlos;

VI. Proponer y tramitar el establecimiento, modificación y actualización de las cuotas y tarifas de los derechos y aprovechamientos relacionados con el servicio de pilotaje y los correspondientes al Registro Público Marítimo Nacional;

VII. Vigilar, en coordinación con la Unidad de Capitanías de Puerto y Asuntos Marítimos y a través de las Capitanías de Puerto, que la navegación y los servicios de pilotaje y remolque en los puertos se realicen en condiciones de seguridad, y

VIII. Establecer las medidas necesarias para mejorar la calidad y eficiencia de los servicios que presta esta Dirección General.

Artículo 36. La persona titular de la Dirección General de Marina Mercante, para el ejercicio de sus facultades, se auxiliará por las Direcciones que orgánicamente dependan de esta.

Artículo 37. La Dirección General de Fomento y Administración Portuaria tiene las atribuciones siguientes:

I. Dirigir la planeación, programación y evaluación de las acciones para el fomento y desarrollo integral del sistema portuario nacional, de conformidad con las políticas y lineamientos establecidos en el Plan Nacional de Desarrollo y en los programas del Sector;

II. Ejercer, de conformidad con las disposiciones jurídicas aplicables y as políticas que dicte la Secretaría, el control corporativo de las empresas de participación estatal mayoritaria sectorizadas a la Secretaría y, en su caso, los derechos corporativos que correspondan al Gobierno Federal en empresas de administración portuaria;

III. Promover y concertar mecanismos de apoyo y asistencia técnica para las entidades paraestatales sectorizadas a la Secretaría, por parte de las Unidades Administrativas y de instituciones públicas o privadas;

IV. Intervenir, de conformidad con las disposiciones jurídicas aplicables, en los consejos de administración de las empresas de administración portuaria en que participe el Gobierno Federal y dar seguimiento a los acuerdos tomados en estos;

V. Coordinar los procesos de constitución, modificación o desincorporación de las entidades paraestatales sectorizadas a la Secretaría, de conformidad con las disposiciones jurídicas aplicables;

VI. Proponer los criterios de evaluación de las entidades paraestatales sectorizadas a la Secretaría y de sus programas maestros de desarrollo portuario, asegurando su apego a las disposiciones jurídicas aplicables, así como coordinar la elaboración, modificación y evaluación de los mismos y proponer soluciones alternas para el logro de sus objetivos;

VII. Proponer los criterios bajo los cuales se elaborarán y evaluarán los programas operativos anuales de las administraciones portuarias integrales, así como coordinar su elaboración y evaluación, para verificar su congruencia con los programas maestros de desarrollo portuario, asegurando su apego a las disposiciones jurídicas aplicables;

VIII. Participar en la elaboración de especificaciones técnicas de equipo relacionado con la infraestructura para la operación portuaria, que proyecten adquirir las entidades paraestatales sectorizadas a la Secretaría;

IX. Fomentar la participación de los sectores social y privado, así como la de los gobiernos estatales y municipales, en el uso, aprovechamiento, explotación, construcción y operación de puertos, terminales, marinas, instalaciones y desarrollos portuarios, así como dar seguimiento a las obligaciones que contraigan derivadas de los títulos de concesión o permisos expedidos de conformidad con las disposiciones jurídicas aplicables;

X. Proponer el establecimiento de administraciones portuarias integrales que se requieran para el adecuado cumplimiento de los objetivos de la Secretaría;

XI. Intervenir, conforme a las disposiciones jurídicas aplicables, en los concursos públicos correspondientes al otorgamiento de contratos de cesión parcial de derechos para el uso, aprovechamiento, explotación, construcción y operación de áreas, terminales, marinas e instalaciones, así como para la prestación de servicios en los puertos y terminales sujetos al régimen de administración portuaria integral;

XII. Promover la coordinación entre los distintos modos de transporte que concurren en los puertos;

XIII. Analizar y evaluar, en su caso, los programas anuales de mantenimiento de la infraestructura portuaria, de dragado, de señalamiento marítimo y de ayuda a la navegación dentro de los recintos portuarios concesionados a las administraciones portuarias integrales;

XIV. Administrar, operar y explotar puertos, terminales e instalaciones; prestar los servicios portuarios que no hayan sido objeto de concesión o permiso, cuando así lo requiera el interés público, así como operar los servicios de vigilancia y el control de los accesos y tránsito de personas, vehículos y bienes en los puertos, terminales e instalaciones bajo la administración y operación de esta Dirección General;

XV. Asesorar a las entidades, sociedades, organizaciones de trabajadores y demás instituciones que brinden o utilicen servicios portuarios, de transporte, auxiliares o conexos con las vías de comunicación por agua que lo soliciten, de conformidad con las disposiciones jurídicas aplicables;

XVI. Participar en el desarrollo costero ordenado y sustentable y participar en los consejos de administración de las administraciones portuarias integrales de influencia preponderantemente estatal y municipal, de conformidad con el título de concesión;

XVII. Promover la realización de estudios prospectivos y desarrollar, en el ámbito de competencia de la Secretaría, estrategias competitivas para la atracción de inversiones y nuevos negocios que constituyan opciones válidas de desarrollo futuro para los puertos, sin perjuicios de las atribuciones de otras dependencias y entidades de la Administración Pública Federal;

XVIII. Fomentar la integración de negocios entre las entidades paraestatales sectorizadas a la Secretaría para reducir costos y agregar valor a la promoción conjunta de negocios con los clientes de los puertos, y

XIX. Participar en organismos internacionales e intervenir en las negociaciones de convenios y tratados que celebre México con otros países en materia de fomento y desarrollo portuario en coordinación con las dependencias competentes de la Administración Pública Federal.

Artículo 38. La persona titular de la Dirección General de Fomento y Administración Portuaria, para el ejercicio de sus facultades, se auxiliará por las Direcciones que orgánicamente dependan de esta.

Capítulo XI. De los Órganos Colegiados

Sección Primera. De la Junta de Almirantes

Artículo 39. La Junta de Almirantes tiene las atribuciones que le confieren el Reglamento correspondiente y demás disposiciones jurídicas aplicables.

Sección Segunda. De la Junta Naval

Artículo 40. La Junta Naval tiene las atribuciones que le confieren el Reglamento correspondiente y demás disposiciones jurídicas aplicables.

Capítulo XII. De las Unidades Operativas

Artículo 41. Las Unidades Operativas de la Armada se integrarán y organizarán en los términos que establecen la Ley Orgánica de la Armada de México y demás disposiciones jurídicas aplicables.

Asimismo, tendrán las atribuciones comunes de las Jefaturas de Unidad y de las Direcciones Generales establecidas en el presente Reglamento.

Artículo 42. Las fuerzas, regiones, zonas y sectores navales que se establezcan, se integrarán y organizarán en los términos que establece la Ley Orgánica de la Armada de México y demás disposiciones jurídicas aplicables.

Artículo 43. El Cuartel General del Alto Mando ejerce el mando naval en la jurisdicción, con el fin de cumplimentar las disposiciones de quien ejerza el Alto Mando para la consecución de los planes y objetivos concebidos para la operación de las Unidades Administrativas y Operativas en la sede del Alto Mando.

Artículo 44. La Unidad de Inteligencia Naval tiene las atribuciones siguientes:

I. Establecer las normas, lineamientos, objetivos y estrategias para dirigir y operar un sistema de inteligencia que apoye al Secretario en la toma de decisiones para preservar la seguridad nacional y coadyuvar en la seguridad interior del país;

II. Identificar los riesgos y amenazas a la seguridad nacional en el ámbito de competencia de la Secretaría; elaborar la agenda institucional de riesgos y amenazas, así como gestionar las acciones necesarias para eliminar o reducir dichos riesgos y amenazas;

III. Establecer la coordinación y cooperación en materia de inteligencia, con dependencias de la Administración Pública Federal y organismos nacionales e internacionales, lo anterior, con base en los instrumentos jurídicos que para tal efecto se suscriban;

IV. Desarrollar y concretar los proyectos que contemplen la incorporación de nuevas tecnologías que optimicen las actividades de inteligencia de la Armada;

V. Administrar el desarrollo profesional del personal naval que realiza actividades de inteligencia;

VI. Gestionar, controlar y administrar el ingreso, permanencia y baja del personal que integra el Sistema de Inteligencia de la Armada;

VII. Establecer e implementar las estrategias de contrainteligencia de la Secretaría;

VIII. Administrar y controlar el ejercicio del presupuesto destinado para gastos en equipos de seguridad nacional y para coadyuvar en seguridad pública, asignado a la Secretaría, y

IX. Las demás que le confieran otras disposiciones jurídicas, así como aquellas funciones que le encomiende la persona titular de la Secretaría.

Artículo 45. La Unidad de Operaciones Especiales de la Armada de México tiene las atribuciones siguientes:

I. Organizar, administrar, preparar y conducir su capacidad de respuesta inmediata y efectiva ante cualquier amenaza, al mantenimiento del estado de derecho o seguridad interior o exterior del país, en coordinación con quienes ejercen los Mandos de la Armada o de manera independiente en apoyo a las autoridades civiles, cuando estas lo soliciten, observando las directivas emitidas por quien ejerce el Alto Mando y demás disposiciones jurídicas aplicables;

II. Coadyuvar con el Estado Mayor y la Unidad de Inteligencia Naval, en la elaboración, análisis y desarrollo de planes estratégicos para hacer frente a las posibles amenazas a la seguridad interior o exterior del país;

III. Planear y ejecutar las operaciones especiales y de alto valor estratégico para coadyuvar en el mantenimiento del estado de derecho y la seguridad interior del país donde lo ordene quien ejerza el Alto Mando;

IV. Establecer los lineamientos de capacitación, adiestramiento y entrenamiento que deberá observar el personal perteneciente a esta Unidad Operativa con el fin de estandarizar la doctrina para el desarrollo de operaciones y fortalecer el espíritu de cuerpo;

V. Administrar y controlar el ejercicio del presupuesto destinado a los requerimientos logísticos de esta Unidad, así como de las partidas presupuestarias autorizadas que para tal efecto se asignen a la Secretaría, y

VI. Las demás atribuciones que le confieran otras disposiciones jurídicas, así como aquellas funciones que le encomiende la persona titular de la Secretaría.

Capítulo XIII. De las Suplencias

Artículo 46. La persona titular de la Secretaría será suplida en sus ausencias por la persona titular de la Subsecretaría de Marina, quien en sus ausencias será suplida por la persona titular de la Oficialía Mayor y las ausencias de esta por quien determine la persona titular de la Secretaría.

Artículo 47. En asuntos que competen al orden naval militar, las ausencias de quien ejerza el Alto Mando serán suplidas conforme a lo dispuesto en la Ley Orgánica de la Armada de México.

Artículo 48. En las suplencias de la persona titular de la Secretaría, la persona titular de la Jefatura del Estado Mayor General de la Armada continuará realizando sus atribuciones de asesorar y auxiliar a la persona titular de la Secretaría.

Artículo 49. Las ausencias de las personas titulares de la Coordinación General de Puertos y Marina Mercante, de la Inspección y Contraloría General y de las Jefaturas de Unidad serán suplidas por designación de la persona titular de la Secretaría.

Artículo 50. En caso de ausencia de las personas titulares de las Direcciones Generales, serán suplidas por las personas titulares de las Direcciones que orgánicamente dependan de estas, quienes desahogarán los asuntos de su respectiva competencia y bajo su responsabilidad, o por quien determine la persona titular de la Secretaría.

Artículo 51. Las suplencias de los demás servidores públicos serán designadas por el inmediato superior jerárquico de quien dependan.

Transitorios

PRIMERO. El presente Reglamento entrará en vigor al día siguiente de su publicación en el Diario Oficial de la Federación.

SEGUNDO. Los asuntos que se encuentran en trámite o pendientes de resolución al momento de la entrada en vigor del presente Reglamento, serán atendidos y resueltos por las Unidades Administrativas que resulten competentes conforme a lo previsto en este ordenamiento.

TERCERO. Se derogan todas las disposiciones administrativas que se opongan al presente Reglamento.

CUARTO. Las erogaciones que se generen con motivo de la entrada en vigor del presente Reglamento, se atenderán en el presente ejercicio fiscal, con los recursos humanos, financieros y materiales que traspasará la Secretaría de Comunicaciones y Transportes a la Secretaría de Marina, y para los ejercicios fiscales subsecuentes, el gasto de esta última se sujetará al Presupuesto de Egresos de la Federación que sea aprobado en el ejercicio fiscal que corresponda.

QUINTO. Se respetarán, conforme a la legislación aplicable, los derechos laborales del personal que pase de la Secretaría de Comunicaciones y Transportes a la Secretaría de Marina en virtud de lo dispuesto en el Decreto por el que se reforman, adicionan y derogan diversas disposiciones de la Ley Orgánica de la Administración Pública Federal, de la Ley de Navegación y Comercio Marítimos, y de la Ley de Puertos, publicado el 7 de diciembre de 2020 en el Diario Oficial de la Federación.

SEXTO. La transferencia, a la Secretaría de Marina, de los recursos humanos, financieros y materiales con que cuente la Secretaría de Comunicaciones y Transportes, respecto de la Coordinación General de Puertos y Marina Mercante, incluidas las Administraciones Portuarias Integrales y, en general, todos aquellos recursos necesarios para la ejecución de sus atribuciones, tales como los relativos al dragado, puertos y educación náutica; continuará llevándose a cabo conforme al Decreto por el que se reforman, adicionan y derogan diversas disposiciones de la Ley Orgánica de la Administración Pública Federal, de la Ley de Navegación y Comercio Marítimos, y de la Ley de Puertos, publicado el 7 de diciembre de 2020 en el Diario Oficial de la Federación.

La transferencia señalada en el párrafo anterior incluirá la administración y los recursos humanos, materiales y financieros pertenecientes al Fideicomiso de Formación y Capacitación para el Personal de la Marina Mercante, así como lo concerniente al Fideicomiso del Fondo para el Fortalecimiento a la Infraestructura Portuaria, y en general, a todos aquellos Fideicomisos y Entidades del Sector relacionados con la transferencia de atribuciones señaladas en el Decreto por el que se reforman, adicionan y derogan diversas disposiciones de la Ley Orgánica de la Administración Pública Federal, de la Ley de Navegación y Comercio Marítimos, y de la Ley de Puertos, publicado el 7 de diciembre de 2020 en el Diario Oficial de la Federación.

SÉPTIMO. A las unidades administrativas que se crean conforme al presente Reglamento, se les transferirán los recursos humanos, materiales, técnicos y financieros para el desempeño adecuado de sus atribuciones, en los términos y condiciones que establezca la Oficialía Mayor de la Secretaría de Marina.

Dado en la Residencia del Poder Ejecutivo Federal, en la Ciudad de México, a 2 de junio de 2021. **Andrés Manuel López Obrador**. Rúbrica. El Secretario de Marina, **José Rafael Ojeda Durán**. Rúbrica.

Made in the USA
Monee, IL
29 October 2021